HUMANIDADE EM EVOLUÇÃO: O CAPITALISMO, O SOCIALISMO E, POR FIM, O COMUNISMO

Sem prefácios ou agradecimentos... vamos direto ao assunto.

Introdução

Objetivo do Livro

O objetivo deste livro é fornecer uma visão clara e acessível sobre três sistemas econômicos e sociais tão falados no mundo contemporâneo: capitalismo, socialismo e comunismo. Pretendemos desmistificar esses conceitos, explorando suas origens, princípios e impactos na sociedade moderna, destacando que o comunismo, como ideal, ainda não foi plenamente realizado.

Visão Geral

Neste livro, vamos explorar:

Capitalismo: Um sistema econômico baseado na propriedade privada e no mercado livre.

Socialismo: Um sistema que promove a propriedade coletiva e a igualdade social.

Comunismo: Um ideal de sociedade sem classes, onde a propriedade privada é abolida.

Sociedade Comunista: Como seria uma sociedade comunista, baseada em teorias e experiências históricas.

Parte 1: Capitalismo

Definição

O capitalismo é um sistema econômico em que os meios de produção e distribuição são de propriedade privada e operam para o lucro.

Princípios Básicos

Propriedade Privada: No contexto marxista, refere-se à posse individual de meios de produção e recursos, cuja acumulação permite a exploração da classe trabalhadora (proletariado) pela classe dominante (burguesia). É vista como uma fonte de desigualdade social e um obstáculo à emancipação do proletariado.

Mercado Livre: A oferta e a demanda determinam os preços e a produção de bens e serviços.

Lucro: A motivação principal para a produção e distribuição de bens e serviços.

História do Capitalismo

O capitalismo, como sistema econômico, tem suas raízes mais profundas nas práticas comerciais e mercantis da Idade Média, mas foi durante a Revolução Industrial, no final do século XVIII e início do XIX, que ele realmente tomou forma como o conhecemos hoje.

Origens

A transição do feudalismo para o capitalismo foi gradual e complexa. No feudalismo, a economia era baseada principalmente na agricultura e no sistema de trocas, onde os senhores feudais detinham terras e controlavam os camponeses que trabalhavam para eles. Com o tempo, o crescimento do comércio, das cidades e das guildas (associações de artesãos e comerciantes) mudou lentamente essa estrutura.

O surgimento do mercantilismo entre os séculos XVI e XVIII foi um precursor importante do capitalismo. O mercantilismo enfatizava o acúmulo de riqueza por meio do comércio internacional e a exploração colonial, levando à formação das grandes companhias de comércio, como a Companhia das Índias Orientais. Esses desenvolvimentos começaram a mudar a forma como a riqueza era acumulada e distribuída, pavimentando o caminho para o capitalismo moderno.

Revolução Industrial

A verdadeira explosão do capitalismo ocorreu durante a Revolução Industrial. A invenção de máquinas como o tear mecânico e a máquina a vapor aumentou drasticamente a produção e a eficiência nas indústrias têxteis e metalúrgicas. Isso levou ao crescimento das fábricas e à urbanização, à medida que as pessoas se mudavam do campo para as cidades em busca de trabalho.

Esse período também foi marcado pelo aumento do comércio internacional e pelo estabelecimento de mercados globais. A Inglaterra, em particular, se tornou a "oficina do mundo", exportando bens manufaturados para várias partes do globo. Esse crescimento econômico foi acompanhado por grandes desigualdades sociais, com trabalhadores enfrentando longas horas de trabalho em condições muitas vezes perigosas.

Evolução do Capitalismo

O capitalismo continuou a evoluir ao longo do século XIX e XX, adaptando-se às mudanças políticas, sociais e tecnológicas. A Grande Depressão da década de 1930, por exemplo, levou muitos países a adotarem políticas econômicas keynesianas, que defendiam a intervenção governamental na economia para estabilizar os ciclos econômicos.

No período pós-Segunda Guerra Mundial, o capitalismo passou por novas transformações. O aumento da globalização e a liberalização do comércio internacional na segunda metade do século XX impulsionaram o crescimento econômico e a interdependência entre nações. A ascensão do neoliberalismo nas décadas de 1980 e 1990, com figuras como Ronald Reagan e Margaret Thatcher, enfatizou a desregulamentação dos mercados, a privatização de serviços públicos e a redução do papel do governo na economia.

Hoje, o capitalismo é um sistema dinâmico que continua a evoluir. A inovação tecnológica, particularmente na era digital, está transformando rapidamente as indústrias e os mercados, enquanto questões como desigualdade econômica, sustentabilidade ambiental e mudanças climáticas apresentam novos desafios e debates sobre o futuro do sistema capitalista.

Exemplos de Economia Capitalista

Vários países ao redor do mundo adotaram formas distintas de capitalismo, adaptando os princípios básicos do sistema às suas próprias culturas, histórias e necessidades econômicas. Vamos explorar alguns exemplos notáveis.

Estados Unidos

Os Estados Unidos são frequentemente vistos como o epítome do capitalismo de livre mercado. A economia americana é caracterizada por uma forte ênfase na propriedade privada, inovação e empreendedorismo. Empresas como Apple, Google, e Amazon são exemplos de como a inovação e a competição no mercado podem levar a avanços tecnológicos e econômicos significativos.

No entanto, o sistema também enfrenta críticas, especialmente em relação à desigualdade de renda e acesso desigual a oportunidades. Movimentos como o Occupy Wall Street destacaram essas disparidades e trouxeram à tona debates sobre a necessidade de reformas econômicas.

Alemanha

A Alemanha oferece um exemplo interessante de um capitalismo mais social, conhecido como "economia social de mercado". Este modelo combina os princípios do mercado livre com um forte sistema de bem-estar social e políticas que protegem os trabalhadores e promovem a coesão social.

Empresas alemãs, como a Volkswagen e a Siemens, são conhecidas por sua alta qualidade e inovação, enquanto o país também mantém um sistema robusto de seguridade social, educação pública de alta qualidade e um forte apoio ao treinamento profissional. Isso resulta em uma economia competitiva e um alto padrão de vida para seus cidadãos.

China

A China oferece um caso único de um sistema econômico que combina elementos de capitalismo com um forte controle estatal, frequentemente referido como "capitalismo de Estado". Desde as reformas econômicas iniciadas por Deng Xiaoping na década de 1980, a China passou por uma transformação notável, tornando-se uma das maiores economias do mundo.

Empresas como Alibaba e Huawei exemplificam o dinamismo e a inovação da economia chinesa. No entanto, o governo mantém um controle significativo sobre setores-chave da economia, e há muitas críticas sobre a falta de liberdades políticas e as questões de direitos humanos.

Países Nórdicos

Os países nórdicos, como Suécia, Noruega e Dinamarca, são frequentemente citados como exemplos de "capitalismo de bem-estar". Esses países combinam uma economia de mercado competitiva com um sistema de bem-estar social abrangente que oferece serviços públicos universais, como saúde, educação e seguridade social.

O modelo nórdico é elogiado por conseguir um alto nível de igualdade social e bem-estar econômico, ao mesmo tempo em que mantém a eficiência e a inovação econômicas. Empresas como IKEA e Spotify são exemplos do sucesso econômico desses países.

Prós e Contras do Capitalismo

O capitalismo, como qualquer sistema econômico, tem seus defensores e críticos. A seguir, vamos explorar os principais pontos positivos e negativos do capitalismo.

Benefícios do Capitalismo

1. **Inovação e Crescimento Econômico**: O capitalismo incentiva a competição e a busca pelo lucro, o que pode levar a inovações tecnológicas e avanços econômicos. Empresas privadas têm um incentivo para melhorar produtos e serviços, resultando em um crescimento econômico contínuo.

2. **Eficiência**: A competição no mercado pode levar a uma alocação mais eficiente de recursos. As empresas são motivadas a produzir de forma eficiente para maximizar os lucros, o que pode resultar em preços mais baixos e maior variedade de bens e serviços para os consumidores.

3. **Liberdade Econômica**: O capitalismo promove a liberdade econômica, permitindo que indivíduos e empresas tomem decisões independentes sobre produção, consumo e investimentos. Isso pode fomentar o espírito empreendedor e a inovação.

4. **Criação de Riqueza**: Historicamente, o capitalismo tem sido um motor de criação de riqueza. Países com economias capitalistas geralmente experimentam um crescimento econômico mais rápido e maiores níveis de prosperidade.

Críticas ao Capitalismo

1. **Desigualdade Econômica**: Uma das principais críticas ao capitalismo é que ele pode levar a uma grande disparidade de riqueza e renda. A concentração de riqueza em mãos de poucos pode resultar em desigualdade social e falta de mobilidade econômica.

2. **Exploração dos Trabalhadores**: A busca incessante pelo lucro pode levar à exploração dos trabalhadores, com longas horas de trabalho, baixos salários e condições de trabalho inadequadas. Isso foi particularmente evidente durante a Revolução Industrial e continua a ser uma preocupação em muitas partes do mundo.

3. **Crises Econômicas**: O capitalismo não é imune a crises econômicas. O sistema de mercado livre pode ser instável e propenso a ciclos de boom e bust, como a Grande Depressão dos anos 1930 e a crise financeira de 2008.

4. **Impacto Ambiental**: A busca pelo lucro pode levar a práticas empresariais que não consideram o impacto ambiental. A poluição, o desmatamento e a mudança climática são problemas globais que frequentemente estão ligados a atividades capitalistas desregulamentadas.

Conclusão da Primeira Parte

Explorar o capitalismo em profundidade revela a complexidade deste sistema econômico e suas implicações multifacetadas para a sociedade. Com um entendimento mais claro da história, dos exemplos práticos e dos prós e contras do capitalismo, podemos agora avançar para os próximos capítulos, onde exploraremos o socialismo e o comunismo com a mesma atenção aos detalhes.

Parte 2: Socialismo

Definição

O socialismo é um sistema econômico e político que visa a propriedade e o controle coletivo ou estatal dos meios de produção e distribuição de bens. A ideia central é promover a igualdade social e econômica, reduzindo as disparidades de riqueza.

Princípios Básicos

- **Propriedade Coletiva**: Os recursos e meios de produção são de propriedade pública ou coletiva.

- **Igualdade Social**: Esforço para reduzir as desigualdades de renda e riqueza entre os cidadãos.

- **Planejamento Centralizado**: A economia é planejada e regulada pelo Estado ou por órgãos coletivos.

- **Bem-estar Social**: Foco em garantir acesso universal a serviços essenciais como saúde, educação e segurança social.

História

A história do socialismo é rica e complexa, remontando a várias correntes de pensamento que emergiram como resposta às injustiças percebidas do capitalismo industrial.

Origens

Os primeiros conceitos de socialismo surgiram durante a Revolução Industrial, quando as condições de trabalho nas fábricas e a desigualdade crescente levaram à demanda por mudanças sociais e econômicas. Pensadores como Charles Fourier e

Robert Owen defenderam comunidades utópicas baseadas em princípios socialistas. Karl Marx e Friedrich Engels, no entanto, foram os principais teóricos que desenvolveram o socialismo científico, com a publicação do "Manifesto Comunista" em 1848, que propunha a luta de classes como motor da mudança social e a abolição da propriedade privada.

Evolução

O socialismo evoluiu em várias direções ao longo dos séculos XIX e XX. Na Europa, movimentos social-democratas buscavam reformas graduais e pacíficas dentro dos sistemas capitalistas, promovendo legislações trabalhistas, segurança social e nacionalizações parciais. Por outro lado, a Revolução Russa de 1917 liderada por Vladimir Lenin resultou na criação do primeiro estado socialista, a União Soviética, que adotou uma abordagem mais radical e revolucionária.

No século XX, o socialismo continuou a se desenvolver em diversas formas. Após a Segunda Guerra Mundial, muitos países da Europa Ocidental adotaram o socialismo democrático, implementando sistemas de bem-estar social robustos, como o NHS (National Health Service) no Reino Unido. Ao mesmo tempo, revoluções em países como a China, Cuba e Vietnam resultaram na formação de estados socialistas com base no modelo soviético, mas com adaptações locais.

Socialismo no Século XXI

No século XXI, o socialismo continua a evoluir e se adaptar aos novos desafios globais. Movimentos como o socialismo democrático nos EUA, liderado por figuras como Bernie Sanders, e partidos progressistas na Europa e América Latina, como o Podemos na Espanha e o Partido dos Trabalhadores no Brasil, buscam combinar princípios socialistas com práticas democráticas e inclusivas.

Exemplos de Economias Socialistas

União Soviética

A União Soviética (1917-1991) foi o primeiro grande experimento de um estado socialista, baseado nos princípios marxistas-leninistas. O governo controlava todos os aspectos da economia, desde a produção até a distribuição de bens. Apesar de conseguir industrializar rapidamente o país e competir com as economias capitalistas do Ocidente, o sistema também enfrentou críticas por suas práticas autoritárias, falta de liberdades individuais e ineficiências econômicas que eventualmente contribuíram para seu colapso.

China

Desde a Revolução de 1949, a China implementou uma economia socialista sob a liderança do Partido Comunista Chinês. Inicialmente, a China seguiu um modelo próximo ao soviético, mas nas últimas décadas, sob a liderança de Deng Xiaoping e seus sucessores, a China adotou um modelo de "socialismo com características chinesas", combinando controle estatal com elementos de economia de mercado. Este modelo tem impulsionado um rápido crescimento econômico, tirando milhões da pobreza, mas também levantou questões sobre desigualdade e direitos humanos.

Países Nórdicos

Embora não sejam completamente socialistas, os países nórdicos como Suécia, Noruega e Dinamarca implementaram um modelo que combina economia de mercado com um extenso estado de bem-estar social. Estes países oferecem serviços públicos de alta qualidade, como saúde, educação e segurança social, financiados por altos impostos. Este modelo é frequentemente citado como um exemplo de sucesso na promoção de igualdade social e bem-estar econômico.

Cuba

Cuba, após a revolução de 1959 liderada por Fidel Castro, estabeleceu um estado socialista baseado no marxismo-leninismo. O governo cubano nacionalizou a maioria das indústrias e implementou programas de saúde e educação universal. Apesar das conquistas sociais em áreas como saúde e educação, a economia cubana enfrenta desafios significativos, incluindo embargo econômico e ineficiências internas.

Prós e Contras do Socialismo

Benefícios do Socialismo

1. **Igualdade Social**: Um dos principais objetivos do socialismo é reduzir as disparidades de riqueza e renda, promovendo uma sociedade mais igualitária. A redistribuição de recursos através de impostos progressivos e programas sociais visa melhorar o bem-estar de todos os cidadãos, especialmente os mais vulneráveis.

2. **Acesso Universal a Serviços Essenciais**: O socialismo enfatiza a provisão de serviços básicos universais, como saúde, educação e segurança social. Isso garante que todos os cidadãos tenham acesso a um padrão mínimo de vida, independentemente de sua situação econômica.

3. **Segurança Econômica**: Em uma economia socialista, o Estado desempenha um papel central na regulação e planejamento da economia, buscando estabilidade econômica e reduzindo a incerteza

associada às flutuações do mercado. Isso pode fornecer uma maior segurança econômica para os trabalhadores e as famílias.

4. **Foco no Bem-Estar Social**: O socialismo coloca um forte foco no bem-estar da população, priorizando políticas que promovam o desenvolvimento humano e a qualidade de vida, ao invés de focar exclusivamente no crescimento econômico.

Críticas ao Socialismo

1. **Ineficácia Econômica**: Críticos argumentam que o planejamento centralizado pode levar a ineficiências econômicas, desperdício de recursos e falta de inovação. A ausência de competição de mercado pode reduzir os incentivos para empresas e indivíduos melhorarem sua produtividade.

2. **Burocracia Excessiva**: A gestão estatal de grandes setores da economia pode levar à formação de burocracias pesadas e inflexíveis, dificultando a resposta rápida a mudanças econômicas e sociais.

3. **Restrição de Liberdades Individuais**: Em alguns estados socialistas, o controle estatal sobre a economia e a sociedade foi acompanhado por restrições às liberdades individuais e políticas. Exemplos históricos incluem censura, repressão de dissidentes e controle sobre a liberdade de expressão e de imprensa.

4. **Desafios na Sustentabilidade**: A manutenção de sistemas de bem-estar social robustos exige altos níveis de receita pública, o que pode ser desafiador em tempos de dificuldades econômicas. Além disso, a redistribuição de recursos pode encontrar resistência política e social em algumas culturas.

Conclusão da Segunda Parte

Compreender o socialismo em sua complexidade histórica, suas diversas manifestações e seus impactos positivos e negativos é crucial para qualquer análise comparativa com outros sistemas econômicos. Com essa base, podemos avançar para a terceira parte do livro, onde exploraremos o comunismo de maneira detalhada.

Parte 3: Comunismo

Definição

O comunismo é um sistema político e econômico que visa a abolição da propriedade privada e a criação de uma sociedade sem classes, onde os meios de produção são de propriedade comum e os bens são distribuídos de acordo com as necessidades de cada indivíduo.

Princípios Básicos

- **Propriedade Comum**: Todos os recursos e meios de produção são de propriedade coletiva.

- **Igualdade Absoluta**: Busca eliminar todas as formas de desigualdade social e econômica.

- **Sociedade Sem Classes**: Abolição das distinções de classe social.

- **Distribuição de Bens por Necessidade**: Recursos distribuídos de acordo com as necessidades de cada pessoa, não com base na contribuição individual.

História

A história do comunismo está intimamente ligada às ideias de Karl Marx e Friedrich Engels, que desenvolveram a teoria do comunismo no século XIX. Vamos explorar essa história em detalhes.

Origens

Karl Marx e Friedrich Engels foram os principais teóricos que formularam a doutrina comunista. No "Manifesto Comunista" de 1848, eles delinearam as bases do comunismo científico, argumentando que a história da sociedade humana é uma história de luta de classes. Eles previam que a classe trabalhadora (proletariado) eventualmente se levantaria contra a classe capitalista (burguesia) e estabeleceria uma sociedade sem classes.

Revolução Russa

A Revolução Russa de 1917 foi um marco na história do comunismo, levando à formação da União Soviética. Liderada por Vladimir Lenin, a revolução derrubou o regime czarista e estabeleceu um governo socialista que pretendia implementar o comunismo. Sob o governo de Lenin e, posteriormente, de Joseph Stalin, a União Soviética buscou transformar a economia e a sociedade de acordo com os princípios comunistas.

Expansão Global

Após a Segunda Guerra Mundial, o comunismo se expandiu para várias partes do mundo. Países como China, Cuba, Coreia do Norte e Vietnam adotaram regimes comunistas, cada um com suas próprias variações e adaptações da teoria marxista-leninista. Na China, a Revolução Comunista de 1949 liderada por Mao Zedong resultou na criação da República Popular da China, que implementou políticas de coletivização e planejamento centralizado.

Declínio do Comunismo

O final do século XX testemunhou o declínio do comunismo em muitos países. A queda do Muro de Berlim em 1989 e o colapso da União Soviética em 1991 marcaram o fim de muitos regimes comunistas na Europa Oriental. Esses eventos levaram a uma reavaliação global do comunismo e à transição de muitos países para economias de mercado mais abertas.

Exemplos de Economias Comunistas

União Soviética

A União Soviética foi o primeiro grande experimento em comunismo, estabelecendo um modelo que muitos outros países tentariam seguir. O governo controlava todos os aspectos da economia, desde a produção até a distribuição de bens. Embora a União Soviética tenha conseguido realizar uma rápida industrialização e se tornar uma superpotência global, o regime também foi caracterizado por repressão política, falta de liberdades individuais e ineficiências econômicas.

China

Sob a liderança de Mao Zedong, a China implementou uma série de políticas comunistas, incluindo a coletivização das terras agrícolas e a nacionalização das indústrias. A Revolução Cultural e o Grande Salto Adiante foram tentativas de transformar radicalmente a sociedade chinesa. Após a morte de Mao, a China iniciou uma série de reformas econômicas sob Deng Xiaoping, introduzindo elementos de mercado na economia, mas mantendo o controle político pelo Partido Comunista.

Cuba

A revolução de 1959 em Cuba, liderada por Fidel Castro, resultou na formação de um estado socialista alinhado com os princípios comunistas. Cuba nacionalizou a maioria das indústrias e implementou programas de saúde e educação universal. Apesar de enfrentar um embargo econômico e numerosos desafios internos, Cuba manteve seu compromisso com os ideais comunistas e alcançou notáveis avanços em áreas como saúde pública e educação.

Coreia do Norte

A Coreia do Norte é um dos exemplos mais rigorosos de um estado comunista, sob a liderança do Partido dos Trabalhadores da Coreia. Desde a sua fundação em 1948, o país tem sido governado pela família Kim, com um sistema altamente centralizado e autoritário. A economia norte-coreana é amplamente controlada pelo estado, com pouca participação no comércio internacional, resultando em significativos desafios econômicos e sociais.

Prós e Contras do Comunismo

Benefícios do Comunismo

1. **Igualdade Econômica**: O comunismo visa eliminar as disparidades econômicas, garantindo que todos os membros da sociedade tenham acesso igual aos recursos e bens essenciais. Isso pode reduzir a pobreza e promover uma sociedade mais justa.

2. **Segurança Econômica**: Ao eliminar a propriedade privada dos meios de produção, o comunismo pode proporcionar uma maior segurança econômica para todos os cidadãos, evitando as incertezas associadas ao desemprego e à instabilidade econômica.

3. **Coletivismo e Comunidade**: O comunismo enfatiza o bem-estar coletivo sobre o individualismo, promovendo a cooperação e a solidariedade entre os membros da sociedade. Isso pode levar a uma maior coesão social e um senso de propósito comum.

4. **Planejamento Econômico Centralizado**: A economia planificada centralmente pode direcionar recursos de maneira eficiente para alcançar objetivos sociais e econômicos, como

desenvolvimento industrial e infraestrutura, que podem ser difíceis de alcançar em economias de mercado descentralizadas.

Críticas ao Comunismo

1. **Perda de Liberdades Individuais**: Em muitos estados comunistas, o controle estatal sobre a economia e a sociedade foi acompanhado por restrições significativas às liberdades individuais e políticas. A censura, a repressão de dissidentes e a falta de liberdade de expressão são preocupações comuns.

2. **Ineficiência Econômica**: A ausência de competição de mercado pode levar a ineficiências econômicas, desperdício de recursos e falta de inovação. Sem os incentivos para melhorar a produtividade e a eficiência, a economia pode estagnar.

3. **Burocracia Excessiva**: A gestão centralizada de uma economia comunista pode resultar em uma

burocracia pesada e inflexível, dificultando a resposta rápida a mudanças e necessidades econômicas.

4. **Desafios na Sustentabilidade**: Manter um sistema econômico comunista pode ser desafiador a longo prazo, especialmente quando enfrenta pressões internas e externas para adotar práticas de mercado mais flexíveis e eficientes.

Conclusão da Terceira Parte

Compreender o comunismo em sua complexidade teórica e prática, suas diversas manifestações e seus impactos positivos e negativos é essencial para qualquer análise comparativa com outros sistemas econômicos. Na próxima parte, vamos explorar como seria uma sociedade comunista ideal, baseando-nos tanto nas teorias como nas experiências históricas.

Vamos então para a **Parte 4: Sociedade Comunista**. Vamos explorar em profundidade como seria uma sociedade comunista ideal, baseando-nos em teorias e experiências históricas. Vamos detalhar cada item para garantir que eles tenham ao menos 1500 palavras.

Parte 4: Sociedade Comunista

Teorias e Ideais

A ideia de uma sociedade comunista ideal é profundamente enraizada nas teorias de Karl Marx e Friedrich Engels, que imaginaram um mundo sem classes, sem exploração e sem propriedade privada. Esta seção vai explorar os conceitos teóricos que fundamentam a visão de uma sociedade comunista.

Igualdade e Abolição das Classes

No centro da teoria comunista está a abolição das classes sociais. Marx e Engels argumentaram que a história da humanidade é a história de lutas de classes, onde diferentes grupos sociais entram em conflito pelo controle dos meios de produção. Em uma sociedade comunista, essas divisões de classe seriam eliminadas, resultando em uma comunidade onde todos os indivíduos têm acesso igual aos recursos e oportunidades.

Marx acreditava que o capitalismo criava uma sociedade dividida em duas classes principais: a burguesia, que possuía os meios de produção, e o proletariado, que vendia sua força de trabalho. A revolução proletária seria o meio pelo qual a classe trabalhadora tomaria o controle dos meios de produção, eliminando as desigualdades e criando uma sociedade sem classes.

Propriedade Comum

Um dos princípios fundamentais do comunismo é a abolição da propriedade privada. Em uma sociedade comunista, todos os meios de produção (terra, fábricas, ferramentas) seriam de propriedade comum. Isso significa que ninguém teria posse exclusiva sobre os recursos, e todos trabalhariam em benefício da comunidade como um todo.

Essa ideia se baseia na crença de que a propriedade privada leva à exploração. Quando os meios de produção estão nas mãos de uma minoria, essa minoria pode explorar a maioria, que depende de seu trabalho para sobreviver. A propriedade comum, por outro lado, eliminaria essa dinâmica de exploração, criando uma sociedade onde os bens são produzidos e distribuídos de acordo com as necessidades de cada um.

Planejamento Econômico Centralizado

Em uma sociedade comunista, a economia seria planificada centralmente para garantir que todos os recursos sejam utilizados de maneira eficiente e equitativa. Em vez de depender de mercados e forças de oferta e demanda, a produção e distribuição de bens seriam coordenadas por uma administração centralizada.

Esse planejamento centralizado permitiria a implementação de políticas econômicas que promovam o bem-estar social, a sustentabilidade ambiental e a igualdade econômica. Recursos seriam alocados com base nas necessidades da sociedade, e não nos lucros individuais. Por exemplo, a produção de alimentos seria ajustada para garantir que todos tenham acesso suficiente à nutrição adequada, enquanto a construção de habitação seria planejada para fornecer moradia decente a todos.

Distribuição com Base nas Necessidades

Outra característica chave de uma sociedade comunista é a distribuição de bens e serviços de acordo com as necessidades de cada pessoa. Isso contrasta com o sistema capitalista, onde a distribuição é baseada na capacidade de pagamento e no lucro.

Em uma sociedade comunista, as necessidades básicas, como alimentação, moradia, saúde e educação, seriam garantidas a todos. Isso eliminaria a pobreza e a insegurança econômica, promovendo uma qualidade de vida elevada para todos os membros da comunidade. Além disso, a eliminação da necessidade de competir por recursos criaria um ambiente onde a colaboração e a solidariedade são incentivadas.

Desenvolvimento Integral do Ser Humano

A teoria comunista também enfatiza o desenvolvimento integral do ser humano. Marx e Engels acreditavam que, em uma sociedade sem exploração e alienação, os indivíduos teriam a liberdade de perseguir suas próprias paixões e interesses. O trabalho deixaria de ser uma atividade alienante e passaria a ser uma expressão criativa e gratificante da humanidade.

Uma sociedade comunista ideal promoveria a educação contínua, a participação cultural e o desenvolvimento pessoal. Os cidadãos seriam incentivados a se envolver em atividades que promovam seu crescimento intelectual, artístico e físico. Isso resultaria em uma comunidade de indivíduos plenamente realizados, contribuindo para o bem-estar coletivo.

Implementação Prática

Embora as teorias comunistas ofereçam uma visão idealista de uma sociedade futura, a implementação prática dessas ideias tem se mostrado desafiadora. Nesta seção, vamos explorar as tentativas históricas de construir sociedades comunistas e os desafios enfrentados.

União Soviética

A União Soviética foi a primeira tentativa de implementar um estado comunista em grande escala. Após a Revolução de Outubro de 1917, o governo bolchevique liderado por Lenin nacionalizou a indústria, coletivizou a agricultura e instituiu o planejamento centralizado. Sob Joseph Stalin, essas políticas foram intensificadas, com uma ênfase na industrialização rápida e na centralização do poder.

Embora a União Soviética tenha alcançado alguns sucessos notáveis, como a industrialização rápida e a vitória na Segunda Guerra Mundial, também enfrentou sérios problemas. O regime autoritário de Stalin resultou em repressão política, purgas e a criação de um estado policial. Além disso, o planejamento centralizado muitas vezes levou a ineficiências econômicas, desperdício e falta de inovação.

China

A China seguiu um caminho similar após a Revolução Comunista de 1949. Sob a liderança de Mao Zedong, o Partido Comunista Chinês implementou políticas de coletivização e planejamento centralizado. Programas como o Grande Salto Adiante e a Revolução Cultural buscaram transformar a sociedade chinesa, mas muitas vezes resultaram em desastres econômicos e sociais.

Após a morte de Mao, a China iniciou uma série de reformas econômicas sob Deng Xiaoping, que introduziram elementos de mercado na economia. Embora o Partido Comunista Chinês tenha mantido o controle político, essas reformas levaram a um crescimento econômico significativo e à redução da pobreza. No entanto, a China continua a enfrentar desafios relacionados à desigualdade, direitos humanos e sustentabilidade ambiental.

Cuba

Cuba, sob a liderança de Fidel Castro, tentou construir uma sociedade comunista após a revolução de 1959. O governo cubano nacionalizou a maioria das indústrias, implementou reformas agrárias e estabeleceu programas de saúde e educação universal. Embora Cuba tenha alcançado avanços notáveis em áreas como saúde pública e educação, a economia do país tem enfrentado desafios significativos, incluindo embargo econômico e ineficiências internas.

A experiência cubana destaca tanto as potencialidades quanto as limitações de uma economia planificada centralmente. O foco no bem-estar social e na igualdade resultou em melhorias significativas na qualidade de vida, mas a falta de competição e inovação econômica tem limitado o crescimento e a prosperidade do país.

Desafios Comuns

Vários desafios comuns surgem na implementação prática de uma sociedade comunista. Primeiro, a centralização do poder econômico e político pode levar ao autoritarismo e à repressão. A concentração de poder em um único partido ou líder frequentemente resulta em abusos de poder e na supressão de dissidentes.

Segundo, a ineficiência econômica é um problema recorrente em economias planificadas centralmente. A ausência de mecanismos de mercado e incentivos à inovação pode levar ao desperdício de recursos e à falta de progresso tecnológico.

Terceiro, as dificuldades em equilibrar a igualdade econômica com a liberdade individual são um desafio constante. A busca pela igualdade muitas vezes resulta em restrições às liberdades pessoais, incluindo liberdade de expressão, associação e movimento.

Futuro do Comunismo

O futuro do comunismo é um tema de debate contínuo, com várias visões sobre como uma sociedade comunista pode evoluir e enfrentar os desafios do século XXI.

Novas Tecnologias

O avanço das tecnologias, como inteligência artificial e automação, tem o potencial de transformar a economia e a sociedade. Em uma sociedade comunista, essas tecnologias poderiam ser utilizadas para eliminar tarefas alienantes e perigosas, liberando os seres humanos para se dedicarem a atividades mais gratificantes e criativas. Além disso, a tecnologia pode facilitar o planejamento econômico centralizado, melhorando a eficiência e a alocação de recursos.

Sustentabilidade Ambiental

Uma sociedade comunista ideal deve lidar com os desafios ambientais do século XXI. A sustentabilidade ambiental deve ser uma prioridade, com políticas que promovam o uso responsável dos recursos naturais e a proteção do meio ambiente. O planejamento econômico centralizado pode facilitar a implementação de políticas de sustentabilidade, garantindo que a produção e o consumo sejam compatíveis com a preservação ecológica.

Globalização e Cooperação Internacional

O comunismo tradicionalmente visava a criação de uma sociedade sem classes dentro de um único país. No entanto, no mundo globalizado de hoje, é necessário pensar em termos de cooperação internacional e solidariedade global. Uma sociedade comunista do século XXI deve promover a colaboração entre nações, enfrentando desafios globais como a pobreza, as doenças e as mudanças climáticas de maneira coletiva.

Reformas Políticas e Democracia

Para evitar os abusos de poder e o autoritarismo que marcaram muitas experiências comunistas do passado, é essencial incorporar mecanismos democráticos e de participação popular em uma sociedade comunista. A transparência, a responsabilidade e a participação cidadã são fundamentais para garantir que o poder seja exercido de maneira justa e equitativa.

Conclusão da Quarta Parte

Explorar como seria uma sociedade comunista ideal envolve não apenas uma compreensão das teorias e ideais que fundamentam essa visão, mas também uma análise crítica das tentativas históricas de implementação e dos desafios enfrentados. Uma sociedade comunista ideal, baseada na igualdade absoluta, na propriedade comum e na distribuição por necessidade, representa um objetivo ambicioso que continua a inspirar debates e movimentos sociais ao redor do mundo. Ao considerar o futuro do comunismo, é importante refletir sobre as lições do passado e as possibilidades oferecidas pelas novas tecnologias e pelos desafios globais contemporâneos.

Conclusão Final

Ao longo da história, a humanidade tem continuamente buscado formas de organização social e econômica que melhorem a qualidade de vida e promovam a justiça. O capitalismo, o socialismo e o comunismo representam tentativas distintas de estruturar as relações econômicas e sociais, cada um com suas próprias visões, princípios e impactos.

Capitalismo

O capitalismo surgiu como uma resposta às limitações do feudalismo e às novas oportunidades criadas pela Revolução Industrial. Com sua ênfase na propriedade privada, no lucro e no mercado livre, o capitalismo impulsionou uma onda sem precedentes de inovação tecnológica, crescimento econômico e aumento do padrão de vida. No entanto, também trouxe desafios significativos, como a desigualdade econômica, a exploração do trabalho e a instabilidade financeira. O capitalismo evoluiu para incorporar elementos de regulação estatal e sistemas de bem-estar social, em um esforço para mitigar seus efeitos negativos.

Socialismo

O socialismo emergiu como uma crítica ao capitalismo, propondo uma alternativa que enfatiza a igualdade social, a propriedade coletiva e o bem-estar público. Ao longo dos séculos XIX e XX, diversas versões de socialismo foram implementadas, buscando equilibrar a eficiência econômica com a justiça social. As economias socialistas, especialmente nos países nórdicos, demonstraram que é possível combinar mercado livre com robustos sistemas de bem-estar, resultando em sociedades mais igualitárias e coesas.

Comunismo

O comunismo, idealizado como a etapa final da evolução social após o socialismo, pretende abolir completamente as classes sociais e a propriedade privada. Experimentos comunistas no século XX, como na União Soviética e na China, mostraram tanto os potenciais benefícios quanto os desafios e perigos de um sistema totalmente planejado e centralizado. A repressão política e a falta de liberdades individuais foram problemas persistentes em muitos regimes comunistas.

A Evolução das Relações Humanas

Essas diferentes formas de organização da sociedade refletem a evolução das relações humanas e das respostas às necessidades e desafios de cada época. A busca por uma organização social que equilibre liberdade, igualdade e eficiência é um processo contínuo, moldado por mudanças tecnológicas, culturais e políticas.

- **Do Feudalismo ao Capitalismo**: A transição do feudalismo para o capitalismo foi marcada pela emancipação econômica e pela expansão do comércio e da indústria. Esse período foi crucial para o desenvolvimento da economia moderna e das democracias liberais.

- **Do Capitalismo ao Socialismo**: O socialismo surgiu como uma reação às injustiças do capitalismo industrial, propondo um sistema mais equitativo. A adaptação das economias capitalistas para incorporar elementos socialistas demonstra a influência mútua desses sistemas.

- **Do Socialismo ao Comunismo**: O comunismo representa uma busca por uma sociedade ideal onde todos têm acesso igual aos recursos e onde as desigualdades são eliminadas. Apesar das dificuldades práticas, os princípios comunistas continuam a inspirar movimentos por justiça social e econômica.

Reflexões Finais

A evolução das formas de organização social e econômica ilustra a capacidade humana de adaptar e reformular suas relações em resposta a desafios e oportunidades. Cada sistema – capitalismo, socialismo e comunismo – oferece lições valiosas sobre como podemos construir sociedades que promovam o bem-estar, a igualdade e a liberdade. Ao aprender com o passado e inovar para o futuro, podemos continuar a evoluir nossas relações sociais e econômicas para atender às necessidades de uma humanidade cada vez mais interconectada e complexa.